D0883102

Ecosistemas

Desiertos

por Tim Mayerling

Bullfrog Books

Ideas para padres y maestros

Bullfrog Books permite a los niños practicar la lectura de texto informacional desde el nivel principiante. Repeticiones, palabras conocidas y descripciones en las imágenes ayudan a los lectores principiantes.

Antes de leer

- Hablen acerca de las fotografías. ¿Qué representan para ellos?
- Consulten juntos el glosario de fotografías. Lean las palabras y hablen de ellas.

Durante la lectura

- Hojeen el libro y observen las fotografías. Deje que el niño haga preguntas. Muestre las descripciones en las imágenes.
- Lea el libro al niño, o deje que él o ella lo lea independientemente.

Después de leer

- Anime a que el niño piense más. Pregúntele: ¿Alguna vez has ido a un desierto? ¿Has visto videos o fotografías? ¿Cómo lo describirías?

Bullfrog Books are published by Jump!
5357 Penn Avenue South
Minneapolis, MN 55419
www.jumplibrary.com

Library of Congress Cataloging-in-Publication Data

Names: Mayerling, Tim, author.
Title: Desiertos / por Tim Mayerling.
Other titles: Deserts. Spanish
Description: Minneapolis, MN: Jump!, Inc., [2018]
Series: Ecosistemas | Audience: Ages 5–8.
Audience: K to grade 3. | Includes index.
Identifiers: LCCN 2017005959 (print)
LCCN 2017007791 (ebook)
ISBN 9781620318027 (hardcover: alk. paper)
ISBN 9781624966248 (ebook)
Subjects: LCSH: Desert ecology—Juvenile literature.
Deserts—Juvenile literature.
Classification: LCC QH541.5.D4 M39418 2018 (print)
LCC QH541.5.D4 (ebook) | DDC 577.54—dc23
LC record available at https://lccn.loc.gov/2017005959

Editor: Jenny Fretland VanVoorst
Book Designer: Molly Ballanger
Photo Researcher: Molly Ballanger
Translator: RAM Translations

Photo Credits: Alamy: Jose B. Ruiz, 10–11; Jack Goldfarb, 18–19; Andrea Battisti, 20–21. Getty: Auscape, 17. iStock: idizimage, 5. Shutterstock: Chad Zuber, cover; Natalia van D, 1; Marijane Troche, 3; elleon, 4; saraporn, 6–7; Anton Foltin, 8–9, 12; aleksandr hunta, 13; Stefan Scharf, 14–15; Zhiltsov Alexandr, 16; EcoPrint, 20–21; Eric Isselee, 24.

Printed in the United States of America at Corporate Graphics in North Mankato, Minnesota.

Tabla de contenido

Caliente, frío y seco

Un desierto es un lugar seco.

No llueve mucho.

¡Mira! El suelo está seco.

Está quebrado.

Los desiertos
se encuentran
en todo el mundo.

Algunos son fríos.

Pero la mayoría
son calientes.

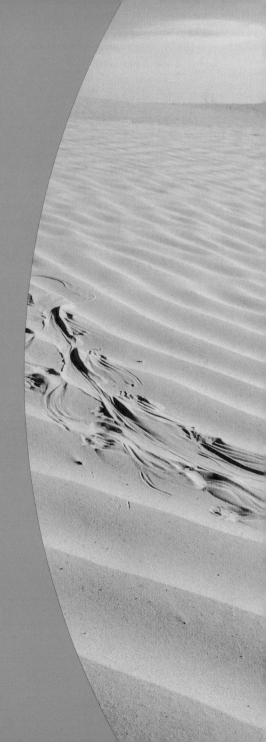

Un desierto es
un lugar severo.

¿Cómo sobreviven
las cosas vivientes?

Se adaptan.

Las plantas almacenan agua en sus tallos.

Algunas tienen hojas pequeñas.

Otras no tienen ninguna.

hojas

Los animales se adaptan también.

La mayoría de los animales en el desierto son pequeños.

¿Por qué?

No necesitan tanta comida.

Descansan durante el día.

Salen en la noche.

Cuando está más fresco.

17

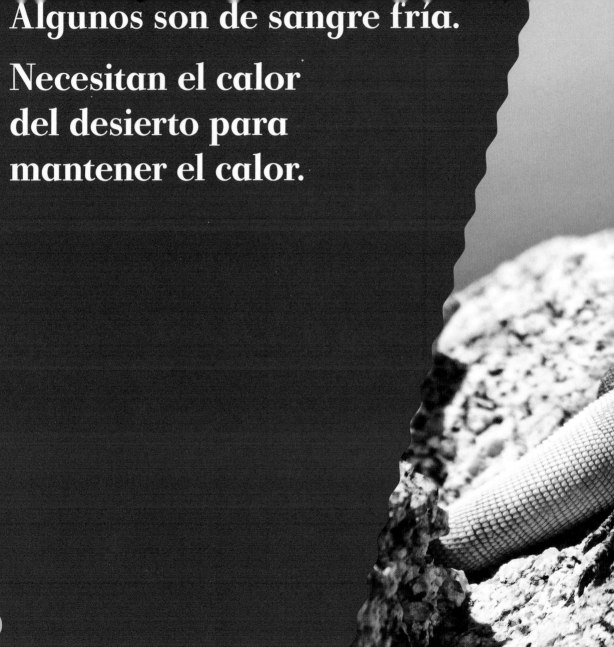

Algunos son de sangre fría.

Necesitan el calor
del desierto para
mantener el calor.

El desierto es
un lugar severo.

¡Pero está lleno de vida!

¿Dónde están los desiertos?

**Muchos desiertos son calientes durante el día y fríos en la noche.
Algunos desiertos, sin embargo, son fríos todo el tiempo.
Se encuentran en la Antártica y en elevaciones más altas.**

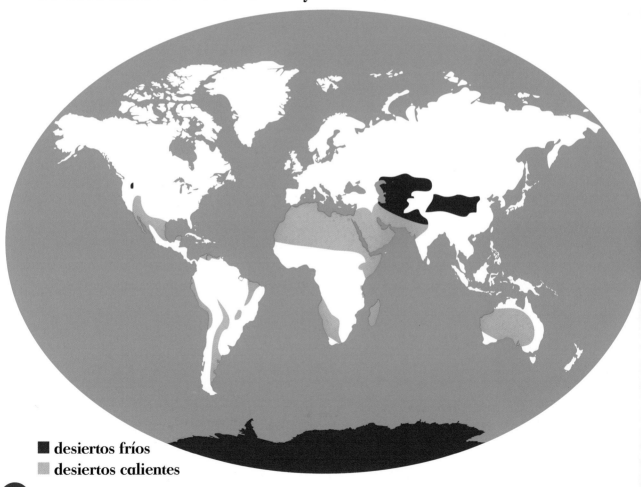

■ desiertos fríos
■ desiertos calientes

Glosario con fotografías

adaptar
Cambiar para ser apto para una situación particular.

severo
Hacer muchas o difíciles demandas.

sangre fría
Tener una temperatura corporal que no se regula por el cuerpo y que es parecida a la del ambiente.

sobrevivir
Vivir.

Índice

Para aprender más

Aprender más es tan fácil como 1, 2, 3.

1) Visite www.factsurfer.com

2) Escriba "desiertos" en la caja de búsqueda.

3) Haga clic en el botón "Surf" para obtener una lista de sitios web.

Con factsurfer.com, más información está a solo un clic de distancia.